AF174970

# Рассказы на испанском
# Уровень A1-A2 - Книга 1
## - С АУДИО -

для изучения испанского языка как иностранного

# Скачайте аудио к этой книге:

Шаг 1: Зайдите на Esidioma.com/extras

Шаг 2: Введите этот код:

SShpS

Нужна помощь? Напишите нам: info@Esidioma.com

esidioma.com

# Índice

Изучайте испанский с нами!
Если Вы хотите улучшить свои языковые
навыки, у нас есть все, что Вам нужно.

Copyright © Esidioma
Тексты: Хосе Антонио Сантьяго
Дизайн: команда Esidioma
Изображения: pexels.com
ISBN - 978-84-16971-80-0
Legal Deposit - AS 02214-2024

Все права защищены. Никакая часть данной публикации не может быть
воспроизведена, распространена или передана в любой форме и любыми
средствами, включая фотокопирование, запись или другие электронные
или механические методы, без предварительного письменного разрешения
издателя.

## El cuervo y el queso
## Ворона и сыр

# Vocabulario

| | | |
|---|---|---|
| 1. bosque | лес |
| 2. rama | ветка |
| 3. árbol | дерево |
| 4. cuervo | ворон, ворона |
| 5. queso | сыр |
| 6. pico | клюв |
| 7. estar contento | быть довольным |
| 8. encontrar | найти |
| 9. cenar | ужинать |
| 10. pensar | думать |
| 11. escarabajo | жук |
| 12. mosca | муха |
| 13. tener suerte | быть удачливым (когда везёт) |
| 14. tener hambre | быть голодным |
| 15. pájaro | птица |
| 16. mundo | мир |
| 17. ojo | глаз |
| 18. ala | крыло |
| 19. cantar | петь |
| 20. tener razón | быть правым |
| 21. ser amable | быть дружелюбным |
| 22. mañana | утро |
| 23. sonido | звук |
| 24. trozo | кусок |
| 25. oler | пахнуть |

# El cuervo y el queso

🔊 Audio 1

En el bosque, en la rama de un árbol, hay un cuervo. Tiene un trozo de queso en el pico. El queso huele muy bien. El cuervo está contento porque es la primera vez que encuentra queso en el bosque.

"¡Qué bien voy a cenar hoy!", piensa el cuervo. "Siempre como escarabajos y moscas, pero hoy va a ser diferente. ¡Qué suerte tengo!"

En ese momento, un zorro pasa por debajo del árbol. Ve al cuervo con el queso en el pico. El zorro tiene mucha hambre y quiere el queso.

# Ворона* и сыр

*\* В испанском языке слова «cuervo» и «zorro» мужского рода, однако в русском переводе отдаётся предпочтение женскому роду.*

В лесу на ветке дерева сидит ворона. У неё в клюве есть кусок сыра. Сыр пахнет очень хорошо. Ворона довольна, потому что это первый раз, что она находит сыр в лесу.

«Как хорошо я сегодня поужинаю! – думает ворона. – Я всегда ем жуков и мух, но сегодня будет по-другому. Как мне повезло!»

В этот момент под деревом проходит лиса. Она видит ворону с сыром в клюве. Лиса очень голодная и хочет сыр.

Los zorros son animales muy inteligentes. El zorro sabe que a los cuervos les gustan los cumplidos. Así que mira al cuervo y le dice:

—¡Oh, mi querido cuervo! ¡Eres el pájaro más hermoso del mundo! ¡Qué ojos tan bonitos tienes! ¡Qué patas tan largas! ¡Qué alas tan negras! ¡Qué pico tan grande! ¡Seguro que puedes cantar como un ruiseñor!

—Sí, el zorro tiene razón —piensa el cuervo—. Soy un pájaro muy hermoso. Tengo unas alas preciosas. Mis patas son largas y elegantes. Y tengo un pico maravilloso. ¡Qué palabras tan agradables dice el zorro! Es muy amable.

—¡Oh, querido cuervo! —continúa el zorro—. Creo que cantas de maravilla. Los ruiseñores cantan bien, pero tienen un pico muy pequeño. Tu pico es grande y bonito. Estoy seguro de que puedes cantar bastante mejor que un ruiseñor. ¡Canta, por favor! ¡Canta!

Лисы — умные животные. Лиса знает, что воронам нравятся комплименты. Поэтому она смотрит на ворону и говорит ей:

— Ах, моя дорогая ворона! Ты самая красивая птица в мире! Какие красивые у тебя глаза! Какие длинные ноги! Какие чёрные крылья! Какой большой клюв! Наверняка ты можешь петь, как соловей!

— Да, лиса права, — думает ворона. — Я очень красивая птица. У меня великолепные крылья. Мои ноги длинные и элегантные. У меня прекрасный клюв. Какие приятные слова говорит лиса. Она очень дружелюбная.

— Ах, дорогая ворона! — продолжает лиса. — Я думаю, что ты поёшь чудесно. Соловьи поют хорошо, но у них маленький клюв. Твой клюв большой и красивый. Я уверен, что ты можешь петь намного лучше, чем соловей. Спой, пожалуйста, спой!

—Es verdad —piensa el cuervo—. ¿Por qué yo nunca canto? El ruiseñor canta cada mañana. Todos los animales del bosque lo escuchan. Y dicen que canta muy bien. Pero yo también puedo cantar así. Su pico es muy pequeño y el mío es grande y hermoso. ¡Yo puedo cantar mejor que él!

Entonces, el cuervo abre el pico para cantar. En lugar de música, se oye un sonido horrible:

—¡Carrrr, carrrr! —.

Cuando el cuervo abre el pico, el queso cae al suelo. El zorro coge el queso y se lo come con una sonrisa. Y el pobre cuervo se queda sin nada.

– Это правда, – думает ворона. – Почему я никогда не пою? Соловей поёт каждое утро. Все животные в лесу слушают его. И говорят, что он поёт очень хорошо. Но я тоже могу так петь. Его клюв маленький, а мой большой и красивый. Я могу петь лучше, чем он!

Тогда ворона открывает рот, чтобы запеть. Вместо музыки слышится ужасный звук:
– Карррр, каррр!

Когда ворона открывает клюв, сыр падает на землю. Лиса берёт сыр и ест его с улыбкой. Бедная ворона остаётся ни с чем.

# Ejercicios

## 1 — Pon las frases en el orden correcto:
### Расставьте предложения в правильном порядке:

1. El queso cae al suelo y el zorro se lo come.
2. El cuervo quiere cantar y se oye: "¡Carrr!"
3. El zorro ve al cuervo con el queso en el pico.
4. El pobre cuervo se queda sin nada.
5. El cuervo encuentra el queso.
6. El zorro le dice al cuervo unos cumplidos.

## 2 — Verdadero (V) o falso (F)?
### Верно или неверно?

1. El cuervo encuentra el queso en el bosque cada mañana.
2. Al zorro le gustan los cumplidos.
3. El cuervo siempre come escarabajos y moscas.
4. El zorro tiene mucha hambre.
5. El zorro piensa que el cuervo es el pájaro más hermoso del mundo.
6. El ruiseñor canta muy bien.

**3** Completa las frases con las siguientes palabras:
Закончите предложения следующими словами:

trozo / alas / sonrisa / rama /
mejor / animales

1. El cuervo tiene patas largas y _____ negras.
2. El zorro come el queso con una _____ .
3. Los zorros son _____ muy inteligentes.
4. El cuervo cree que puede cantar _____ que un ruiseñor.
5. El cuervo tiene un _____ de queso en el pico.
6. Hay un cuervo en la _____ de un árbol.

**4** Combina las columnas:
Соедините колонки:

1. El cuervo encuentra el queso y está      a. pequeño
2. Los ruiseñores tienen un pico muy         b. horrible
3. El ruiseñor canta cada                     c. cumplidos
4. En lugar de música se oye un sonido       d. mañana
5. El zorro dice muchos                       e. árbol
6. Un zorro pasa por debajo del              f. contento

**Soluciones**

**Ejercicio 1:** El orden correcto es 5, 3, 6, 2, 1, 4
**Ejercicio 2:** 1–F, 2–F, 3–V, 4–V, 5–F, 6–V
**Ejercicio 3:** 1–alas, 2–sonrisa, 3–animales, 4–mejor, 5–trozo, 6–rama
**Ejercicio 4:** 1–f, 2–a, 3–d, 4–b, 5–c, 6–e

La vieja y el pez
Старуха и рыбка

14

# Vocabulario

| | | |
|---|---|---|
| 1. | pueblo | деревня, городок |
| 2. | orilla | берег |
| 3. | mar | море |
| 4. | pareja | пара |
| 5. | anciano | старик |
| 6. | pescar | рыбачить |
| 7. | pez | рыба |
| 8. | extraño | странный |
| 9. | red | сеть |
| 10. | de repente | вдруг |
| 11. | cumplir un deseo | исполнить желание |
| 12. | milagro | чудо |
| 13. | desaparecer | исчезнуть |
| 14. | gritar | кричать |
| 15. | vaca | корова |
| 16. | suficiente | достаточно |
| 17. | palacio | дворец |
| 18. | castillo | за́мок |
| 19. | furioso | злой, в ярости |
| 20. | reina | королева |
| 21. | desear | желать |
| 22. | ropa | одежда |
| 23. | vestido | платье |
| 24. | trabajar | работать |
| 25. | estúpido | глупый |

# La vieja y el pez

En un pueblo a la orilla del mar, vive una pareja de ancianos. La mujer trabaja en casa y el hombre va a pescar todos los días. Un día, el hombre ve un pez muy extraño en su red. De repente, el pez empieza a hablar:

—¡Hola, buen hombre! No soy un simple pez. Soy la reina de los mares. Déjame ir. Puedo cumplir todos tus deseos. ¿Qué cosas deseas?


"¡Esto es un milagro!", piensa el anciano. "Este pez puede hablar". Entonces, coge al pez con cuidado y lo suelta al mar. Le dice al pez:

—Vuelve a casa, pececito. No quiero nada. Tengo todo lo que necesito.

# Старуха и рыбка

В деревне на берегу моря живёт пожилая пара. Женщина работает дома, а мужчина ходит на рыбалку каждый день. Однажды мужчина видит очень странную рыбу в своей сети. Вдруг рыба начинает говорить:

— Здравствуй, добрый человек! Я не простая рыба. Я королева морей. Отпусти меня. Я могу исполнить все твои желания. Чего ты желаешь?

«Это чудо! – думает старик. – Эта рыба может говорить». Тогда он берёт рыбку с осторожностью и отпускает в море. Он говорит рыбе:

— Возвращайся домой, рыбка. Я ничего не хочу. У меня есть всё, что мне нужно.

El pez le da las gracias y desaparece en el mar. El anciano recoge la red y se va. Cuando llega a casa, cuenta la historia a su mujer. La anciana le grita:

—¡Qué estúpido eres! ¿Por qué dices que no necesitamos nada? Mira qué ropa más vieja tengo. No tengo nada bonito. ¡Ve y pide un vestido bonito!

El viejo vuelve a la orilla del mar y llama a la reina de los mares. Al poco tiempo, aparece el pez. Entonces, el anciano cuenta lo que ha ocurrido.

—No te preocupes. Tu mujer tendrá un vestido— dice el pez.

Cuando el hombre llega a casa, encuentra a su mujer con un hermoso vestido. Pero la anciana no está contenta. Ahora también quiere una vaca.

Рыба благодарит его и исчезает в море. Старик забирает сеть и уходит. Когда он приходит домой, он рассказывает историю своей жене. Старуха кричит на него:

— Какой ты глупый! Почему ты говоришь, что нам ничего не нужно? Смотри, какая у меня старая одежда. У меня нет ничего красивого. Иди и попроси красивое платье!

Старик возвращается на берег моря и зовёт морскую королеву. Вскоре появляется рыбка. Тогда старик рассказывает, что случилось.

— Не беспокойся. У твоей жены будет платье, — говорит рыбка.

Когда мужчина приходит домой, он встречает жену в прекрасном платье. Но старуха недовольна. Сейчас она хочет ещё и корову.

El hombre siempre quiere ver a su mujer contenta. Así que va al mar de nuevo y pide al pez una vaca.

—De acuerdo —dice el pez—. Vete a casa. La anciana tendrá una vaca.

Pero en casa, la mujer no tiene suficiente. Por eso, el hombre le pide al pez una casa nueva, luego un palacio, después un castillo,... Pero la vieja quiere más y más cosas. Entonces, la vieja dice:

—¿Por qué este pez es la reina? Yo quiero ser la reina de los mares.

El hombre va como siempre a hablar con el pez. Pero, esta vez, el pez no responde nada y desaparece en el mar para siempre. El anciano vuelve a casa y encuentra a su mujer furiosa. No tiene nada: ni vestido, ni palacio, ni vaca.

Мужчина всегда хочет видеть свою жену довольной. Так что он идёт к морю и просит у рыбки корову.

– Ладно, – говорит рыбка. – Иди домой. У старухи будет корова.

Но дома жене всё мало. Поэтому мужчина просит у рыбки новый дом, затем дворец, потом за́мок... Но старуха хочет всё больше и больше. Тогда старуха говорит:

– Почему эта рыбка королева? Это я хочу быть королевой морей.

Мужчина, как всегда, идёт поговорить с рыбкой. Но на этот раз рыбка ничего не отвечает и исчезает в море навсегда. Мужчина возвращается домой и видит, что его жена в ярости. У неё ничего нет: ни платья, ни дворца, ни коровы.

# Ejercicios

-------------------------------------

## 1

Pon las frases en el orden correcto:
Расставьте предложения в правильном порядке:

1. El anciano vuelve a casa y le cuenta la historia a su mujer.
2. La mujer pide un vestido bonito y luego una vaca.
3. El hombre suelta el pez al mar.
4. La vieja quiere más y más cosas.
5. El hombre anciano ve un pez muy extraño en su red.
6. El pez desaparece en el mar para siempre.

## 2

Verdadero (V) o falso (F)?
Верно или неверно?

1. El hombre va a pescar todos los días.
2. La mujer tiene un vestido hermoso y está contenta.
3. El pez dice que es la reina de los mares.
4. El anciano quiere un palacio.
5. El hombre quiere ver a su mujer contenta.
6. La anciana dice que no quiere nada.

## 3 Completa las frases con las siguientes palabras:
Закончите предложения следующими словами:

nada / furiosa / orilla
red / gracias / responde

1. Una pareja vive en un pueblo a la _____ del mar.
2. El anciano ve un pez muy extraño en su _____ .
3. La mujer dice que no tiene _____ bonito.
4. El anciano suelta el pez al mar. El pez le da las _____ .
5. El pez no _____ nada y desaparece en el mar.
6. El hombre encuentra a su mujer _____ .

## 4 Combina las columnas:
Соедините колонки:

1. El hombre tiene todo lo que
2. El pez puede cumplir los
3. El anciano coge al pez con
4. La mujer no tiene
5. El hombre suelta al pez al
6. El pez desaparece en el mar para

a. deseos
b. suficiente
c. mar
d. siempre
e. necesita
f. cuidado

**Soluciones**

**Ejercicio 1:** El orden correcto es 5, 3, 1, 2, 4, 6
**Ejercicio 2:** 1–V, 2–F, 3–V, 4–F, 5–V, 6–F
**Ejercicio 3:** 1–orilla, 2–red, 3–nada, 4–gracias, 5–responde, 6–furiosa
**Ejercicio 4:** 1–e, 2–a, 3–f, 4–b, 5–c, 6–d

*Un paisaje bonito*
*Красивый пейзаж*

# Vocabulario

| | Español | Русский |
|---|---|---|
| 1. | paisaje | пейзаж |
| 2. | selva | джунгли |
| 3. | elefante | слон |
| 4. | lápiz | карандаш |
| 5. | pintar | рисовать |
| 6. | cuadro | картина |
| 7. | lago | озеро |
| 8. | río | река |
| 9. | sueño | сон |
| 10. | museo | музей |
| 11. | exposición | выставка |
| 12. | participar | участвовать |
| 13. | cocodrilo | крокодил |
| 14. | mono | обезьяна |
| 15. | plátano | банан |
| 16. | palmera | пальма |
| 17. | planeta | планета |
| 18. | nieve | снег |
| 19. | pingüino | пингвин |
| 20. | cerdo | свинья |
| 21. | barro | грязь |
| 22. | miel | мёд |
| 23. | oso | медведь |
| 24. | sol | солнце |
| 25. | mejor | лучше |

# Un paisaje bonito

En la selva, vive un elefante. Le gusta mucho pintar. Tiene todo tipo de pinturas y lápices de colores. Le encanta pintar paisajes.

Aquí tenemos un cuadro de su bosque favorito. Aquí está un lago y un río. Y este es su nuevo cuadro: árboles muy altos, un cielo azul y un sol brillante. El elefante tiene un sueño: quiere ver sus cuadros en un museo o en una exposición.

"Este es mi mejor cuadro. Puede participar en una exposición", piensa el elefante. "Me gustaría saber qué piensan mis amigos de este cuadro". Por eso, invita a unos amigos a visitarle.

# Красивый пейзаж

В джунглях живёт слон. Ему очень нравится рисовать. У него есть разные краски и разноцветные карандаши. Он обожает рисовать пейзажи.

Вот картина с его любимым лесом. Вот озеро и река. А это его новая картина: очень высокие деревья, голубое небо и яркое солнце. У слона есть мечта: он хочет видеть свои картины в музее или на выставке.

«Это моя самая лучшая картина. Она может участвовать в выставке, – думает слон. Мне хотелось бы знать, что думают мои друзья об этой картине». Поэтому он приглашает нескольких друзей в гости.

El elefante enseña los cuadros a sus amigos y dice:

—Este es mi cuadro favorito. Creo que puede participar en una exposición. ¿Qué pensáis? ¿Os gusta?

El cocodrilo mira el cuadro con atención y dice:

—Solo veo árboles y el cielo. ¿Y dónde está el río? Yo vivo en el río. El río es el lugar más hermoso del mundo.

El mono mira el cuadro un rato largo y pregunta:

—¿Dónde están los plátanos y las palmeras? Las palmeras son los árboles más bonitos del planeta. Especialmente cuando tienen plátanos.

—¡Nieve! ¡El cuadro tiene que tener mucha nieve! —dice el pingüino—. ¡La nieve es lo mejor del mundo!

Слон показывает картины своим друзьям и говорит:

— Это моя любимая картина. Я думаю, что она может участвовать в выставке. Что вы думаете? Вам нравится?

Крокодил смотрит на картину внимательно и говорит:

— Я только вижу деревья и небо. А где река? Я живу в реке. Река — это самое красивое место в мире.

Обезьяна смотрит на картину долго и спрашивает:

— Где бананы и пальмы? Пальмы — это самые красивые деревья на планете. Особенно когда на них есть бананы.

— Снег! На картине должно быть много снега! — говорит пингвин. — Снег — это самое лучшее на свете!

—No les escuches —dice el cerdo—. En el cuadro tiene que haber barro. Bañarse en el barro es muy agradable. El barro hace feliz a todo el mundo.

Los invitados se van a casa y el elefante comienza a pintar un cuadro nuevo. Esta vez, en el cuadro hay de todo: un río, plátanos, palmeras, nieve, barro e incluso miel. "Voy a pintar miel porque mi amigo el oso también va a venir. Le gusta mucho la miel", piensa el elefante.

Una semana después, los animales visitan de nuevo al elefante para ver su nuevo cuadro:
—¿Qué pensáis esta vez, amigos? —pregunta.

Los amigos miran el cuadro y dicen:
—¿Nieve y palmeras? ¿Barro y miel? Esto no es un paisaje de verdad. ¡El otro cuadro era mucho mejor!

– Не слушай их, – говорит свинья. – На картине должна быть грязь. Купаться в грязи очень приятно. Грязь всех делает счастливыми.

Гости уходят домой, а слон начинает рисовать новую картину. На этот раз на картине есть всё: река, бананы, пальмы, снег, грязь и даже мёд. «Я нарисую мёд, потому что мой друг медведь тоже придёт. Ему очень нравится мёд», – думает слон.

Неделю спустя животные снова приходят в гости к слону, чтобы увидеть его новую картину:

– Что вы думаете на этот раз, друзья? – спрашивает он.

Друзья смотрят на картину и говорят:

– Снег и пальмы? Грязь и мёд? Это не настоящий пейзаж. Другая картина была намного лучше!

# Ejercicios

## 1 Pon las frases en el orden correcto:
Расставьте предложения в правильном порядке:

1. El elefante pinta un cuadro con árboles, el cielo y el sol.
2. El cerdo piensa que el cuadro tiene que tener barro.
3. Los amigos dicen que el otro cuadro era mucho mejor.
4. El elefante enseña su cuadro favorito a sus amigos.
5. El cocodrilo dice su opinión sobre el cuadro.
6. El elefante pinta un cuadro nuevo que tiene de todo.

## 2 Verdadero (V) o falso (F)?
Верно или неверно?

1. El cocodrilo pregunta por el barro.
2. El cuadro del elefante participa en una exposición.
3. Al mono le gustan las palmeras y los plátanos.
4. El cerdo piensa que bañarse en el río es muy agradable.
5. Al elefante le encanta pintar paisajes.
6. El elefante pinta miel para su amigo el oso.

**3** Completa las frases con las siguientes palabras:
Закончите предложения следующими словами:

atención / rato / colores / mejor
feliz / museo

1. El elefante quiere ver sus cuadros en un _____ .
2. El cocodrilo mira el cuadro con _____ .
3. El pingüino piensa que la nieve es lo _____ del mundo.
4. El elefante tiene lápices de _____ .
5. El mono mira el cuadro un _____ largo.
6. El cerdo dice que el barro hace _____ a todo el mundo.

**4** Combina las columnas:
Соедините колонки:

1. El elefante quiere participar en una          a. agradable
2. El elefante tiene todo tipo de                 b. de todo
3. En el nuevo cuadro hay                         c. exposición
4. Para el cerdo, bañarse en el barro es          d. pingüino
5. La nieve le gusta mucho al                     e. nuevo
6. Los animales visitan al elefante de            f. pinturas

**Soluciones**

**Ejercicio 1:** El orden correcto es 1, 4, 5, 2, 6, 3
**Ejercicio 2:** 1–F, 2–F, 3–V, 4–F, 5–V, 6–V
**Ejercicio 3:** 1–museo, 2–atención, 3–mejor, 4–colores,
5–rato, 6–feliz
**Ejercicio 4:** 1–c, 2–f, 3–b, 4–a, 5–d, 6–e

*Ricos y pobres*
Богатые и бедные

# Vocabulario

| | | |
|---|---|---|
| 1. | rico | богатый |
| 2. | pobre | бедный |
| 3. | ciudad | город |
| 4. | piscina | бассейн |
| 5. | padre | отец |
| 6. | hijo | сын |
| 7. | por supuesto | конечно |
| 8. | fin de semana | выходные |
| 9. | agricultor | фермер |
| 10. | invitado | гость |
| 11. | trabajar en el campo | работать в поле |
| 12. | verdura | овощи |
| 13. | fruta | фрукты |
| 14. | huerto | огород |
| 15. | fuera | снаружи, на улице |
| 16. | por la tarde | вечером |
| 17. | dar las gracias | благодарить |
| 18. | por la noche | ночью |
| 19. | estrella | звезда |
| 20. | cerradura | замо́к |
| 21. | puerta | дверь |
| 22. | dormir | спать |
| 23. | bañarse | купаться |
| 24. | pronto | скоро |
| 25. | después de un rato | некоторое время спустя |

# Ricos y pobres

🔊 Audio 4

En la ciudad vive una familia rica. Lo tienen todo: dinero, una casa grande, piscina y un automóvil caro. El padre quiere mucho a su hijo. Cada día juegan juntos en la piscina, pasean por la ciudad y comen en un restaurante. Un día, el hijo pregunta:

—Papá, ¿nosotros somos ricos o pobres?

El padre piensa: "Por supuesto que somos ricos. Pero mi hijo debe entender esto él solo".

—Tengo una idea estupenda —dice el padre—. Este fin de semana vamos a ir al pueblo. Allí vive mi buen amigo Antonio. Vamos a dormir en su casa. Después sabrás si somos ricos o pobres.

# Богатые и бедные

В городе живёт богатая семья. У них есть всё: деньги, большой дом, бассейн и дорогой автомобиль. Отец очень любит своего сына. Каждый день они вместе играют в бассейне, гуляют по городу и обедают в ресторане. Однажды сын спрашивает:

– Папа, мы богатые или бедные?

Отец думает: «Конечно, мы богатые. Но мой сын должен сам это понять».

– У меня есть отличная идея, – говорит отец. – В эти выходные мы поедем в деревню. Там живёт мой хороший друг Антонио. Мы переночуем у него дома. Тогда ты узнаешь, богатые мы или бедные.

El padre sabe que su amigo es un agricultor pobre. Tiene una casa pequeña y una familia grande. "Mi hijo va a ver cómo viven las personas pobres. De esta forma entenderá que somos ricos", piensa el padre.

El sábado, el padre y su hijo van al pueblo. A Antonio le gusta tener invitados en su casa. El padre y su hijo trabajan todo el día en el campo. Después, se bañan en el río y comen verdura y fruta del huerto. Por la noche duermen fuera, porque la casa es muy pequeña y no hay sitio para todos. Al día siguiente, se despiertan muy pronto. Hay que dar de comer a los animales.

El domingo por la tarde, el padre y su hijo se preparan para volver a casa. Le dan las gracias a Antonio y regresan a la ciudad. Después de un rato, el padre mira a su hijo y le dice:

Отец знает, что его друг – бедный фермер. У него маленький дом и большая семья. «Мой сын увидит, как живут бедные люди. Таким образом он поймёт, что мы богатые», – думает отец.

В субботу отец и сын едут в деревню. Антонио любит, когда у него дома гости. Отец и сын работают целый день в поле. Затем они купаются в реке и едят овощи и фрукты с огорода. Ночью они спят на улице, потому что дом слишком маленький, и в нём нет места для всех. На следующий день они просыпаются очень рано. Нужно кормить животных.

В воскресенье вечером отец и сын собираются возвращаться домой. Они благодарят Антонио и возвращаются в город. Некоторое время спустя отец смотрит на своего сына и говорит:

—¿Qué piensas? Ahora ya sabes cómo vive un agricultor en el pueblo y sabes cómo vivimos nosotros. Ahora puedes responder a tu pregunta: ¿nosotros somos ricos o pobres?

—Sí, papá. Claro que puedo —responde el hijo—. Nosotros no tenemos perro, y tu amigo Antonio tiene cuatro. Nosotros tenemos una piscina, y él tiene un río y un lago. Por la noche, nosotros encendemos la lámpara, y él tiene estrellas en el cielo. Nuestra puerta tiene cerradura. Antonio no la necesita porque todas las personas en el pueblo son sus amigos. Ahora lo entiendo: nosotros somos pobres.

— Как ты думаешь? Сейчас ты знаешь, как живёт фермер в деревне, и знаешь, как живём мы. Сейчас ты можешь ответить на свой вопрос: мы богатые или бедные?

— Да, папа. Конечно, могу, — отвечает сын. — У нас нет собаки, а у твоего друга Антонио есть четыре. У нас есть бассейн, а у него есть река и озеро. Ночью мы включаем лампу, а у него есть звёзды на небе. В нашей двери есть замок. Антонио он не нужен, потому что все люди в деревне — его друзья. Сейчас я понимаю — мы бедные.

# Ejercicios

---

**1** Pon las frases en el orden correcto:
Расставьте предложения в правильном порядке:

1. El padre tiene una idea estupenda.
2. El padre y el hijo trabajan en el campo todo el día.
3. El hijo pregunta a su padre si son ricos o pobres.
4. El hijo dice al padre que ellos son pobres.
5. El padre y su hijo van al pueblo.
6. El padre y el hijo regresan a la ciudad.

**2** Verdadero (V) o falso (F)?
Верно или неверно?

1. Antonio no tiene perro.
2. El padre piensa que su familia es rica.
3. Antonio tiene una familia pequeña y una casa grande.
4. En el pueblo el padre y el hijo se bañan en el río.
5. El padre y el hijo nunca juegan en la piscina.
6. Antonio no necesita una puerta con cerradura.

## 3 Completa las frases con las siguientes palabras:
Закончите предложения следующими словами:

pasean / volver / despiertan / encendemos
entender / comer

1. Por la noche, nosotros _____ la lámpara.
2. En el pueblo el padre y el hijo se _____ muy pronto.
3. Somos ricos. Pero mi hijo debe _____ esto él solo.
4. El domingo el padre y el hijo se preparan para ___ a casa.
5. Por la mañana hay que dar de _____ a los animales.
6. Cada día el padre y el hijo _____ por la ciudad.

## 4 Combina las columnas:
Соедините колонки:

1. Antonio es un agricultor               a. caro
2. El padre y el hijo trabajan en el       b. pobre
3. A Antonio le gusta tener                c. cielo
4. Tienen un automóvil                     d. campo
5. Comen verdura y fruta del               e. invitados
6. En el pueblo hay estrellas en el        f. huerto

**Soluciones**

**Ejercicio 1:** El orden correcto es 3, 1, 5, 2, 6, 4
**Ejercicio 2:** 1–F, 2–V, 3–F, 4–V, 5–F, 6–V
**Ejercicio 3:** 1–encendemos, 2–despiertan, 3–entender, 4–volver, 5–comer, 6–pasean
**Ejercicio 4:** 1–b, 2–d, 3–e, 4–a, 5–f, 6–c

*Un pez demasiado pequeño*
Слишком маленькая рыба

# Vocabulario

| | | |
|---|---|---|
| 1. | demasiado | слишком |
| 2. | pequeño | маленький |
| 3. | lejos | далеко |
| 4. | invierno | зима |
| 5. | primavera | весна |
| 6. | hambriento | голодный |
| 7. | levantarse | вставать |
| 8. | desayunar | завтракать |
| 9. | pescado | рыба (как продукт) |
| 10. | sabroso | вкусный |
| 11. | sentarse | садиться |
| 12. | piedra | камень |
| 13. | esperar | ждать |
| 14. | al lado de | рядом |
| 15. | pata | лапа |
| 16. | viejo | старый |
| 17. | rico | вкусный |
| 18. | hora | час |
| 19. | aparecer | появляться |
| 20. | feo | некрасивый |
| 21. | triste | грустный |
| 22. | comer | есть |
| 23. | sin | без |
| 24. | moraleja | мораль |
| 25. | valorar | ценить |

# Un pez demasiado pequeño

En un bosque muy lejos de aquí, vive un oso. En invierno, el oso duerme profundamente. En primavera, se despierta y tiene mucha hambre. El oso se levanta y dice:

—¡Qué hambre tengo! ¿Qué hay para desayunar? Hace mucho tiempo que no como pescado. Voy a desayunar un pescado grande y sabroso.

El oso va al río. El agua del río está fría, pero hay muchos peces. El oso pesca muy bien. Se sienta en una piedra y espera. Quiere un pez grande. De repente, el oso ve un pez al lado de la piedra. Lo pesca rápidamente con su pata. Mira el pescado y dice:

# Слишком маленькая рыба

В лесу очень далеко отсюда живёт медведь. Зимой медведь крепко спит. Весной он просыпается и очень хочет есть. Медведь встаёт и говорит:

– Какой я голодный! Что есть на завтрак? Я давно не ел рыбы. Я съем на завтрак большую и вкусную рыбу.

Медведь идёт к реке. Вода в реке холодная, но в ней есть много рыбы. Медведь ловит рыбу очень хорошо. Он садится на камень и ждёт. Он хочет большую рыбу. Вдруг медведь видит рыбу рядом с камнем. Он быстро ловит её лапой. Он смотрит на рыбу и говорит:

—Bah, este pez es demasiado pequeño para mí. Soy grande y estoy hambriento. Quiero un pescado más grande.

El oso suelta el pez y se sienta de nuevo. Después de media hora, ve otro pez. El pez nada muy despacio y casi no se mueve. El oso lo pesca con la pata, lo mira y dice:

—Este pez es viejo. Seguramente no está rico. Soy grande y estoy hambriento. Quiero un pescado más joven.

El oso suelta el pez de nuevo y espera. Esta vez espera durante mucho tiempo. Después de una hora, aparece un pez. Pero tampoco le gusta al oso. Piensa que es demasiado pequeño. Así que espera más, y más, y más. Pero todos los peces son demasiado pequeños o viejos o feos.

– Фу, эта рыба слишком маленькая для меня. Я большой и голодный. Я хочу рыбу побольше.

Медведь отпускает рыбу и снова садится. Полчаса спустя он видит ещё одну рыбу. Рыба плывёт очень медленно и почти не двигается. Медведь ловит её лапой, смотрит на неё и говорит:

– Эта рыба старая. Наверняка она невкусная. Я большой и голодный. Я хочу рыбу помоложе.

Медведь снова отпускает рыбу и ждёт. На этот раз он ждёт долго. Спустя час появляется рыба. Но и она не нравится медведю. Он думает, что она слишком маленькая. Поэтому он ждёт ещё, ещё и ещё. Но все рыбы слишком маленькие или старые, или некрасивые.

Ya es de noche. El hambriento oso va a casa. Está muy triste. No desayunó, ni comió, ni cenó.

—Qué estúpido soy —piensa el oso—. Todos los peces pequeños juntos eran como uno grande. Fue un error esperar. El pez grande nunca llegó. Ahora voy a dormir sin cenar.

Moraleja: a veces, cuando esperas demasiado, no consigues nada.

Aprende a valorar lo que tienes hoy.

Уже ночь. Голодный медведь идёт домой. Ему очень грустно. Он не завтракал, не обедал и не ужинал.

– Какой я глупый, – думает медведь. – Все маленькие рыбы вместе были как одна большая. Ждать было ошибкой. Большая рыба так и не появилась. Сейчас я пойду спать без ужина.

Мораль: иногда, когда ждёшь слишком долго, ничего не добиваешься.

Научись ценить то, что имеешь сегодня.

# Ejercicios

**1** Pon las frases en el orden correcto:
Расставьте предложения в правильном порядке:

1. El oso se sienta en una piedra y espera.
2. El oso se despierta en primavera y tiene mucha hambre.
3. El oso pesca un pez y lo suelta porque no le gusta.
4. El oso quiere un pez grande y va al río.
5. El oso se va a dormir sin cenar.
6. El oso suelta al otro pez porque le parece demasiado viejo.

**2** Verdadero (V) o falso?
Верно или неверно?

1. En invierno, el oso duerme profundamente.
2. Hay pocos peces en el río.
3. El oso va al lago para pescar.
4. El oso pesca muy bien.
5. El pez grande llegó por la noche.
6. El oso quiere un pez pequeño y joven.

## 3

Completa las frases con las siguientes palabras:
Закончите предложения следующими словами:

juntos / bosque / de repente
valorar / demasiado / tampoco

1. El oso vive en un _____ .
2. Aparece otro pez, pero _____ le gusta al oso.
3. El oso dice que el pez es _____ pequeño para él.
4. _____ el oso ve un pez al lado de una piedra.
5. Aprende a _____ lo que tienes hoy.
6. Todos los peces pequeños _____ eran como uno grande.

## 4

Combina las columnas:
Соедините колонки:

1. El oso se despierta y tiene mucha     a. hambriento
2. El oso quiere un pez grande y          b. despacio
3. El oso es grande y está                c. sabroso
4. El pez casi no se mueve y nada muy     d. rápidamente
5. El oso ve un pez y lo pesca            e. esperar
6. Fue un error                          f. hambre

**Soluciones**

**Ejercicio 1:** El orden correcto es 2, 4, 1, 3, 6, 5
**Ejercicio 2:** 1–V, 2–F, 3–F, 4–V, 5–F, 6–F
**Ejercicio 3:** 1–bosque, 2–tampoco, 3–demasiado, 4–De repente, 5–valorar, 6–juntos
**Ejercicio 4:** 1–f, 2–c, 3–a, 4–b, 5–d, 6–e

*El tiempo vuela*
*Время летит*

# Vocabulario

| | | |
|---|---|---|
| 1. | tiempo | время |
| 2. | tiempo | погода |
| 3. | volar | летать |
| 4. | tortuga | черепаха |
| 5. | pasear | гулять |
| 6. | deporte | спорт |
| 7. | brillar | светить |
| 8. | bocadillo | бутерброд |
| 9. | zumo | сок |
| 10. | servilleta | салфетка |
| 11. | gorra | шапка |
| 12. | chaqueta | куртка |
| 13. | verano | лето |
| 14. | hace calor | жарко (о погоде) |
| 15. | tomar el sol | загорать |
| 16. | bañador | купальник |
| 17. | gafas de sol | очки |
| 18. | toalla | полотенце |
| 19. | otoño | осень |
| 20. | llueve | идёт дождь |
| 21. | viento | ветер |
| 22. | paraguas | зонт |
| 23. | mojarse | промокнуть |
| 24. | hace frío | холодно (о погоде) |
| 25. | guante | перчатка |

# El tiempo vuela

En un lago vive una tortuga. Es vieja, pero muy activa. Le gusta mucho pasear y hacer deporte. Pero la tortuga tiene un problema: es muy lenta.

Estamos en primavera. El sol brilla. Hace buen tiempo. La tortuga sale de su casa y piensa:

—¡Qué día más bueno! ¡Hoy me voy de pícnic!

Primero, hace unos bocadillos lentamente. Después, pone los bocadillos en una cesta muy despacio. Además, coge fruta y zumo de naranja. El zumo de naranja es su favorito.

—Si cojo zumo, entonces necesito un vaso—, piensa ella y empieza a buscar un vaso sin prisa.

# Время летит

На озере живёт черепаха. Она старая, но очень активная. Ей очень нравится гулять и заниматься спортом. Но у черепахи есть проблема – она слишком медленная.

Сейчас весна. Светит солнце. Хорошая погода. Черепаха выходит из дома и думает:

– Какой хороший день! Сегодня я пойду на пикник!

Сначала она медленно делает бутерброды. Потом она медленно кладёт их в корзину. Кроме того, она берёт фрукты и апельсиновый сок. Апельсиновый сок – её любимый.

– Если я беру сок, тогда мне нужен стакан, – думает она и начинает искать стакан без спешки.

Así, la tortuga busca primero un vaso, después servilletas y después una gorra y una chaqueta. Finalmente, sale de casa. ¿Y qué es lo que ve? ¡Ya es verano! Hace calor. Todos los animales toman el sol y se bañan en el lago. ¡Y la tortuga lleva una chaqueta!

—Yo también quiero bañarme —piensa la tortuga—. ¿Dónde está mi bañador?

La tortuga vuelve a casa y empieza a buscar el bañador. Coge el bañador, unas gafas de sol y una toalla, y sale de casa. ¿Y qué es lo que ve? ¡Ya es otoño! Todos los animales buscan setas y moras. Está lloviendo y sopla el viento. ¡Y la tortuga está en bañador!

—A mí también me gustan las setas y las moras —piensa la tortuga—. Pero necesito un paraguas. Me voy a mojar sin paraguas.

Так черепаха ищет сначала стакан, потом салфетки, а потом шапку и куртку. Наконец, она выходит из дома. И что она видит? Уже лето! Жарко. Все животные загорают и купаются в озере. А черепаха в куртке!

– Я тоже хочу купаться, – думает черепаха. – Где мой купальник?

Черепаха возвращается домой и начинает искать купальник. Она берёт купальник, солнечные очки и полотенце, и выходит из дома. И что она видит? Уже осень! Все животные ищут грибы и ягоды. Идёт дождь, и дует ветер. А черепаха в купальнике!

– Мне тоже нравятся грибы и ягоды, – думает черепаха. – Но мне нужен зонт. Я промокну без зонта.

La tortuga vuelve a casa y empieza a buscar un paraguas. Finalmente, la tortuga está lista para coger setas. Sale de casa. ¿Y qué es lo que ve? ¡Ya es invierno! Está nevando. Hace mucho frío. Los animales esquían y juegan con la nieve.

—Yo también tengo esquíes —piensa la tortuga y vuelve a casa.

En casa busca los esquíes y unos guantes. Cuando la tortuga está lista para esquiar, sale de casa. ¿Y qué es lo que ve? ¡Ya es primavera! Hace buen tiempo.

—¡Qué día más bueno! —piensa la tortuga—. ¡Hoy me voy de pícnic!

Черепаха возвращается домой и начинает искать зонт. Наконец, черепаха готова собирать грибы. Она выходит из дома. И что она видит? Уже зима! Идёт снег. Очень холодно. Животные катаются на лыжах и играют со снегом.

– У меня тоже есть лыжи, – думает черепаха и возвращается домой.

Дома она ищет лыжи и перчатки. Когда черепаха готова кататься, она выходит из дома. И что же она видит? Уже весна! Хорошая погода.

– Какой хороший день! – думает черепаха. – Сегодня я иду на пикник!

# Ejercicios

---------------------------------------------

 **1** Pon las frases en el orden correcto:
Расставьте предложения в правильном порядке:

1. La tortuga quiere ir de pícnic y empieza a prepararse.
2. Los animales esquían y juegan con la nieve.
3. Esta lloviendo y sopla el viento.
4. La tortuga sale de casa y ya es verano.
5. La tortuga vuelve a casa para buscar un paraguas.
6. La tortuga de nuevo quiere ir de pícnic.

**2** Verdadero (V) o falso (F)?
Верно или неверно?

1. La tortuga quiere ir de pícnic porque es verano.
2. En verano, la tortuga quiere bañarse y busca el bañador.
3. Los animales ayudan a la tortuga a buscar cosas.
4. La tortuga sale a coger setas y moras sin paraguas.
5. Cuando la tortuga está lista para esquiar, ya es primavera.
6. La tortuga tiene esquíes en casa.

# 3

**Completa las frases con las siguientes palabras:**
**Закончите предложения следующими словами:**

hace / cesta / toman
gafas / sopla / lista

1. Estamos en primavera, _____ buen tiempo.
2. En verano los animales _____ el sol.
3. Está lloviendo y _____ el viento.
4. La tortuga pone los bocadillos en una _____ .
5. La tortuga está _____ para coger setas.
6. La tortuga coge unas _____ del sol y una toalla.

# 4

**Combina las columnas:**
**Соедините колонки:**

1. La tortuga busca las cosas sin ⟶    a. lenta
2. La tortuga se pone una    b. prisa
3. Los animales juegan con la    c. brilla
4. Hace buen tiempo y el sol    d. nieve
5. La tortuga coge zumo de    e. chaqueta
6. La tortuga es activa, pero muy    f. naranja

**Soluciones**

**Ejercicio 1:** El orden correcto es 1, 4, 3, 5, 2, 6
**Ejercicio 2:** 1–F, 2–V, 3–F, 4–F, 5–V, 6–V
**Ejercicio 3:** 1–hace, 2–toman, 3–sopla, 4–cesta,
5–lista, 6–gafas
**Ejercicio 4:** 1–b, 2–e, 3–d, 4–c, 5–f, 6–a

# Notas

## Notas

...................................................................................................
...................................................................................................
...................................................................................................
...................................................................................................
...................................................................................................
...................................................................................................
...................................................................................................
...................................................................................................
...................................................................................................
...................................................................................................
...................................................................................................
...................................................................................................
...................................................................................................
...................................................................................................
...................................................................................................
...................................................................................................
...................................................................................................
...................................................................................................
...................................................................................................
...................................................................................................
...................................................................................................
...................................................................................................
...................................................................................................
...................................................................................................
...................................................................................................

Copyright © Esidioma

Все права защищены. Никакая часть данной публикации не может быть воспроизведена, распространена или передана в любой форме и любыми средствами, включая фотокопирование, запись или другие электронные или механические методы, без предварительного письменного разрешения издателя.